AF428955

ANA BELTRÁN

Alfonso se levantó como cada mañana, se vistió con su mejor sonrisa, cogió su mochila violeta y se preparó para ir al colegio. Ese día caminaba más contento que cualquier otro, de la mano su madre. Pues era un día diferente, un día muy especial. Es 13 de marzo, Alfonso cumple hoy siete años.

Este pequeño de pelo rizado como una coliflor, estaba impaciente por entrar ese día a clase y ver a sus compañeros y compañeras de 2°C. Así que sin dejar de sonreír, se sentó, sacó sus libros y esperó a que su maestra empezara la lección.

Pero lo que Alfonso no sabía era que ese día tan ansiado, no sería un día cualquiera. Su maestra parecía preocupada, el conserje estaba muy serio y triste; hasta el profe de Educación Física que siempre estaba bailando, parecía haber visto un fantasma.

- ¿Qué está sucediendo? – Pensó Alfonso.

Los mayores tenían una actitud diferente, ni siquiera su clase de matemáticas había empezado como siempre. Ese día, su maestra no comenzó pasando lista.. Además, habían faltado muchos niños y niñas. No obstante, Alfonso pensó que se les habían pegado las sábanas, pero que por la tarde los vería en su fiesta de cumpleaños.

Su maestra les explicó que estarían unas semanas sin ir al cole. Algo no iba bien, estaba claro, todo el mundo estaba muy preocupado y pendiente de las noticias de la tele de última hora. Esa frase que retumbaba en su cabeza, hizo que la cara de Alfonso cambiara; y la sonrisa con la que se levantó esa mañana, se borró de su cara. ¿Qué era lo que estaba pasando para que así, sin más, de un día para otro, cerraran el colegio?

La "seño", que era como Alfonso llamaba a su maestra; al ver la cara de asombro de los niños, les explicó el principal motivo:

- "Hace unos meses atrás, se había descubierto un virus en China que se estaba extendiendo a otros países."- Dijo con voz apagada.

Ese virus parecía tener superpoderes, pues según decían, era tan fuerte que nada ni nadie podía detenerlo, tan rápido que lograba recorrer millones de lugares en cuestión de días y tan peligroso que estaba enfermando a cientos de miles de personas.

La clase de 2°C no entendía bien lo que todo esto implicaba, ni siquiera los mayores podían explicarlo. Lo que sí sabía todo el mundo era que ese desagradable virus tenía nombre propio: CORONAVIRUS. "Corona", para unos, COVID-19 para otros. Estos nombres diferentes no era porque tuviese muchos amigos y cada uno lo llamara de una manera; sino que lo tantas palabras inundaban las mentes de la gente, que nadie sabía cómo tratarlo.

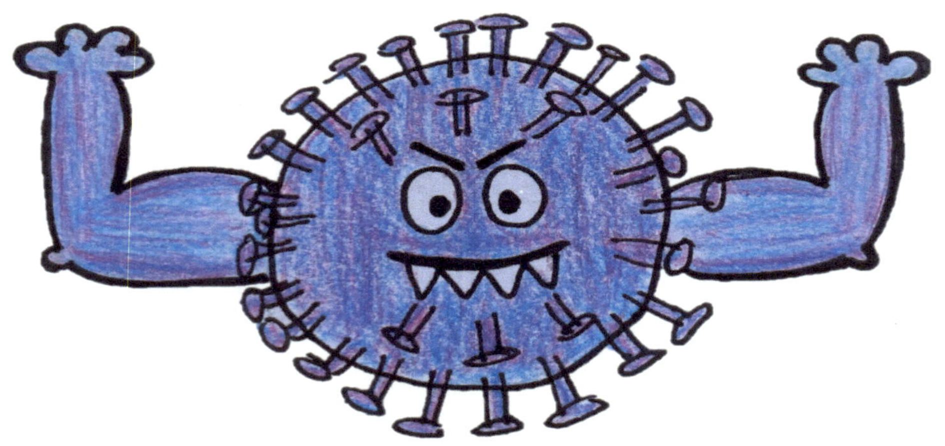

Alfonso, se encontraba sumergido en un sinfín de preguntas dudosas, para las que no lograba dar ninguna respuesta: ¿Vacaciones de repente? ¿Tareas online? ¿Mamá y papá sin trabajar? ¿Sin salir de casa? ¿Sin ir a la piscina los martes y los jueves por la tarde? ¿Sin ir a visitar a los abuelos? ¿Sin poder acompañar a papá a sacar a Pipo? ¿Sin ir a jugar al parque?

Aunque eso de quedarse en casa, en pijama todo el día, sin madrugar para ir al cole, estar todo el día del sofá a la cama y de la cama al sofá; pueda ser el deseo de muchos niños, todo era muy extraño, ilógico, indescriptible, inentendible, imparable, inexplicable, inesperado, insufrible, i, i, i... ¡IMPOSIBLE!

- ¡Esto no puede estar pasando!.- Trataba de pensar Alfonso una y otra vez.

CONTAGIOS
PAPÁ
MAMÁ
VIRUS
COLE
CASA
TRABAJO
PARQUE
TAREAS
HIGIENE
GRIPE

Y así, Alfonso, sus compañeros y el resto de niños del colegio; cogieron sus libros y libretas, los metieron junto a sus lápices en sus mochilas, y sin entender nada hicieron todo lo que la maestra les dijo:

- "Volveremos a vernos pronto chicos, estaremos en contacto y seguiremos trabajando durante este tiempo por otras vías".

Alfonso llegó a casa más entristecido que nunca, pues estas semanas no eran como las vacaciones de verano, sino que tenía que quedarse en casa, sin salir ni hacer lo que normalmente hacía.

Ese día, ninguno de sus amigos pudo salir de casa para asistir a su fiesta. El cumpleañero no pudo soplar las siete velas con ellos, él solo quería soplar y soplar al aire, soplar tan fuerte que terminara con esa situación y devolviera todo a la normalidad.

Este curioso niño necesitaba entender todo lo que estaba ocurriendo tanto en el colegio, como en su pueblo, como en el resto del mundo. Todo apuntaba a lo mismo, ese CORONAVIRUS tan famoso. Pero, ¿qué significaba eso exactamente?

Cogió el mando de la tele, su tablet y la vieja radio del abuelo; escuchó y escuchó, leyó y leyó... hasta que ¡ENTENDIÓ!

CORONAVIRUS

¿QUÉ PASA EN MI CUERPO?

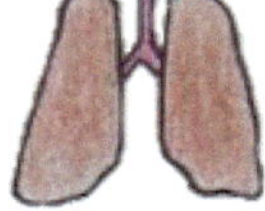

Fiebre   Tos   Falta de aire   Mantener distancia   Lavarse las manos

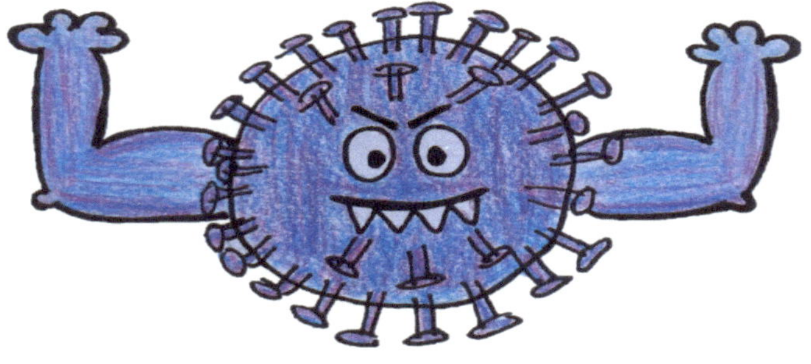

¿QUÉ DEBEMOS HACER?

Quedarnos en casa   Protégete   Protege a los demás   Sal para cosas necesarias

Ahora Alfonso sabía un poquito más sobre ese potente virus que había conseguido llegar desde China al resto del mundo, haciendo que todos se quedaran sin salir a la calle, ni ir al cole, ni tampoco al parque.

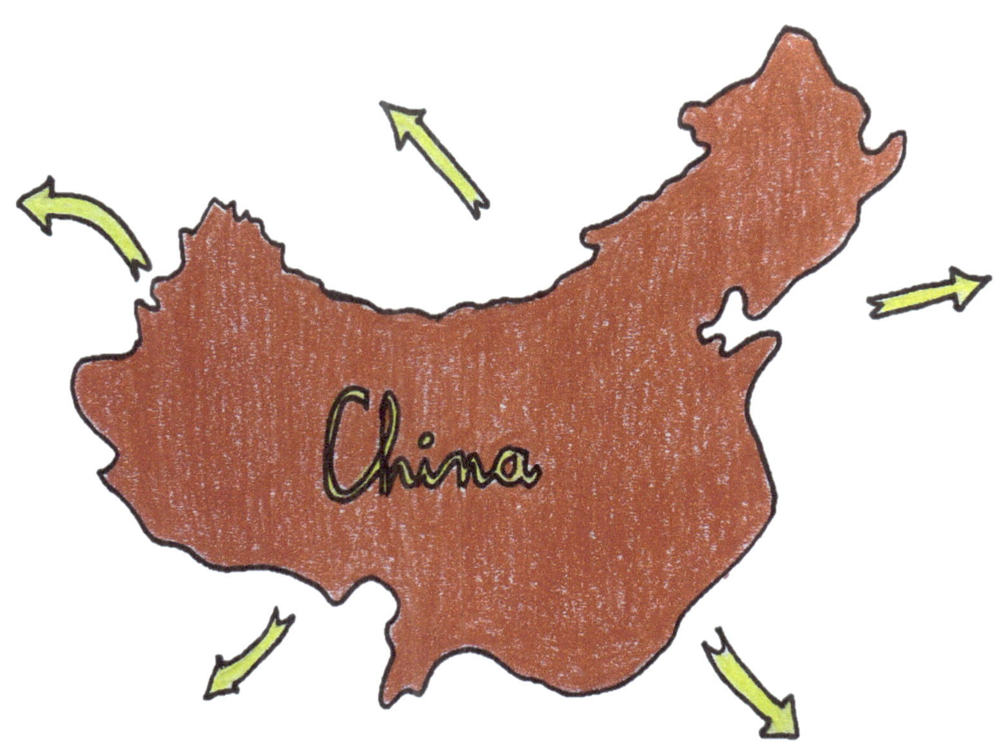

Pero... ante la situación que estaba viviendo, ¿qué podía hacer él?

Primer fin de semana en casa. Alfonso escucha en las noticias varias palabras que hacen un gran eco en su cabeza: "cuarentena", "estado de alarma", "aislamiento", "contagio"...

Muchas de ellas eran nuevas para él, otras no conseguía pronunciarlas bien. Pero ninguna apuntaba nada positivo.

Este pequeño se encontraba en medio de un gran caos de miedo. Así que, Alfonso se fue a su habitación y pensó, pensó y pensó...

Entonces tuvo una genial idea: anotar en una lista aquellas cosas que podía y no podía hacer.

Una vez tuvo clasificadas las cosas que podía hacer, creó su propio calendario de actividades, al que él llamó: "Mi calendario inteligente".

Después, enseñó a su familia su idea y tanto a su madre como a su padre, les pareció estupenda. De hecho, ellos se ofrecieron a colaborar en las actividades de ese calendario con él y así poder hacer cosas juntos.

Su madre le dio algunas ideas, su padre algunas otras. Y así Alfonso consiguió llenar de actividades todos esos días en los que tendría que quedarse en casa.

Una vez lo tenía listo, lo coloreó con colores vivos y lo pegó en la pared de su habitación para poder seguirlo.

Alfonso cumplió con su calendario y no salió a la calle. Sus padres salieron para hacer cosas imprescindibles y durante poco tiempo. Su padre paseaba a Pipo unos minutos y su madre hacía algunas compras un día a la semana. El resto de actividades, las hicieron sin salir, como: leer un libro en familia, hacer los deberes que enviaba la maestra vía online, manualidades, colorear un dibujo, cocinar y ver películas los tres juntos, jugar a sus juegos favoritos, las construcciones y la pelota, hacer plastilina...

Esos días los aprovecharon para hacer cosas que no hacían a menudo, y lo más importante, las hicieron juntos. Y es que entre el trabajo de papá y de mamá a penas pasaban tiempo juntos haciendo cosas en familia.

Actividades en família

Pasaron días y días, y Alfonso y su familia estaban muy entretenidos, pero nadie parecía ser muy feliz. Las cosas habían cambiado. Una de las cosas que más le gustaba hacer era ir al parque a jugar a la pelota con su abuelo. Ahora, llevaba ya sin verlo más de veinte días y el parque estaba vacío.

Las calles que recorría para ir al colegio de la mano de su madre, se encontraban sin gente. Cada vez que se asomaba a la ventana lo único que veía era a otros vecinos en sus balcones, coches de policía que daban vueltas y vueltas velando por la seguridad de los ciudadanos, algunas personas con mascotas y algunas otras con bolsas del supermercado, y algunos camiones de reparto.

10
9
7 8
6
4 5
3
2
1

La pena estaba inundando el corazón de millones de personas y el miedo se apoderaba de ellas cada vez más.

La gente, asustada, hacía compras enormes: seis paquetes de galletas, ocho paquetes de papel higiénico, veinte litros de leche, nueve kilos de pollo, bolsas y más bolsas de fruta…

Como decía mamá: "tenemos que llenar la nevera ante lo que pueda venir".

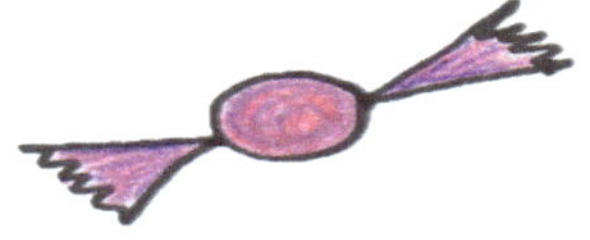  

Pero, en medio de todo esto, Alfonso que era un niño muy solidario, pensó en aquellas personas mayores que no podían salir a la calle a comprar, ni a bajar la basura; o en aquellas personas que se habían ido a vivir a otros países y ahora no podían regresar, porque todos los vuelos habían sido cancelados.

Entonces encontró una solución. Pero para ello, necesitaba la ayuda de su familia. Pues si entre todos habían sido capaces de tomar medidas para quedarse en casa haciendo actividades sin aburrirse, juntos conseguirían dar con algún remedio que hiciera la vida de los demás más un poquito más fácil.

Así que se pusieron manos a la obra. Por un lado, su padre escribió un cartel ofreciendo ayuda, tanto para hacer compras o cualquier tipo de gestión, como para sacar la basura de aquellos vecinos que lo necesitaran.

Por otro lado, su madre escribió un mensaje donde decía:

"A las 20:00h saldremos todos a nuestras ventanas, terrazas y balcones y aplaudiremos.
Por favor, pásalo"

Lo envió a sus amigos, estos a otros, y estos a otros y otros; hasta que se extendió a cientos y cientos de teléfonos de millones de hogares.

Y allí estábamos todos los vecinos del barrio en nuestros balcones, terrazas y ventanas, dando palmas, encendiendo y apagando luces, haciendo sonar alguna que otra canción con algún instrumento o altavoz, golpeando cacerolas con utensilios de cocina, etc. ¡Todo valía! ¡Todo nos ayudaba a espantar el miedo y olvidarnos de todo aunque solo fuese durante unos minutos.

Y así, día tras día, entre actividad y actividad, ruido y más ruido; millones de personas consiguieron mantenerse fuertes, unidos y un poco más tranquilos.

El virus seguía recorriendo las calles de las ciudades, los médicos y enfermeras trabajaban diariamente para curar a los infectados, la policía continuaba patrullando velando por nuestra seguridad, los supermercados abrían y atendían a todo aquel que necesitara comprar, las farmacias seguían ofreciendo guantes y mascarillas para prevenir, los camioneros conducían día y noche para realizar sus repartos

y los maestros seguían dando sus clases desde casa a través del ordenador para que los niños y niñas siguieran aprendiendo.

Día... encerrado. Alfonso ya había perdido la cuenta de cuántos días habían pasado, del numero de semanas que llevaba sin ir al colegio, sin ver a sus amigos ni a sus abuelos, y sin coger su bici roja.

¡Alfonso había perdido la cuenta del número de días que llevaba sin salir!

Y ya era mayo, o junio, o bueno tampoco era ya importante en qué mes nos encontrábamos. Alfonso se despertó, en su casa olía a tostadas. Su madre cantaba su canción favorita y su padre limpiaba los zapatos del trabajo mientras la vieja radio del abuelo anunciaba la mejor de las noticias escuchadas en todo este tiempo:

"Lo hemos conseguido, el numero
de altas supera el de contagios.
Mañana, todo volverá a la
normalidad, se elimina el
estado de alarma y cada
 ciudadano podrá realizar
sus actividades como antes,
respetando siempre las medidas
de seguridad establecidas."

Esta era una gran noticia.   Al día siguiente Alfonso volvería al colegio a ver a sus compañeros.

Por fin, llegó el día. El despertador sonó a las 8:00h de la mañana. Alfonso se levantó, se lavó las manos y la cara, desayunó con sus padres, cogió su mochila y se puso su mascarilla. Su madre y él fueron al colegio de la mano, como hacía tiempo que no hacían, eso sí, ahora llevaban guantes.

A las 9 en punto sonó el timbre y el conserje abrió las puertas sonriendo a todo el que entraba. Alfonso se puso en su fila y esperó su turno para entrar. Cuando la maestra abrió la puerta de la clase, todos la siguieron y se sentaron en su sitio. Entonces, comenzó a pasar lista. Estaban todos, no faltaba nadie. ¡Ahora sí, todo había vuelto a ser casi como antes!

Ahora, valoramos los pequeños detalles, desde salir de casa al parque a jugar con la pelota, hasta el olor al pasar por una pastelería.

Ahora, nos ayudamos sin esperar nada a cambio, somos más solidarios, más humanos. Hemos aprendido que las diferencias con los demás no nos alejan, sino que ante situaciones difíciles, nos acercan; y sobre todo, hemos aprendido a apreciar cada uno de los momentos que vivimos en el día a día, porque la vida se trata precisamente de eso, de vivir.

Fin

ANA BELTRÁN